新装版

要支援・要介護の人も
いっしょに楽しめる ゲーム&体操

斎藤道雄 著

黎明書房

はじめに

ゲームや体操が3倍になる！

「レクリエーションの本に書いてあるゲームは，むずかしすぎて，実際の現場では活用できない」

介護施設やデイサービスなど現場で働いている人は，一度は，そう思ったことがありませんか？

レクリエーションの本は，おもに，自立シニアを対象者に想定しています。したがって実際の現場では，要支援・要介護シニアにとっては，むずかしすぎてできないのです。

では，年齢や身体機能にある程度の差があるシニアの誰もがいっしょに楽しめるようなゲームはないのでしょうか？

そう考えていたとき，ふと，おかしなことに気づきました。そもそも，**年齢や身体機能の差が著しいシニアを対象にしているにもかかわらず，全員が，同じことをして，同じように楽しんでもらおうとすることに，あまりにも無理があります。**

そこで，思い切ってこんなふうに考え方を変えてみました。

シニアのみなさまが，集団でゲームや体操をするときには，**全員が同じことをして，同じように楽しんでもらうことを期待しない。**

そのうえで，限られた時間で，かんたんなことからむずかしいことまで，できるだけ多くのゲームや遊びを提供する。

1

シニアのみなさまが，自分の心身機能に応じてできるように，できるだけ選択肢を増やすことが肝心です。

　ぼくは，それを実践することで，心身機能の差が著しいシニアのより多くのみなさまに，対応できるようになりました。

　実際にこの方法にしてから，ぼくの現場では，参加者の集中力がぐんとアップしました（活動時間は約60分です）。

　「限られた時間で，多くのゲームや体操をするなんて絶対無理！」と思うかもしれませんが，そんなことはありません。

　たとえば，親指から順に指を折りながら「10」かぞえるときには，こんなふうにします。

① 「い〜ち，に〜い……」と，**ゆっくりとていねいにかぞえる。**

② 「いちっ！！！　にいっ！！！　……」と，**ことばを強くする。**

③ 「いちっ，にっ……」短く，**素早くかぞえる。**

たったこれだけのことで3倍，いえ，場合によっては10倍以上に運動効果がアップします！

　本書では，ぼくが現場で実践している，ひとつのゲームや体操のやり方を3倍にする超簡単な方法をお教えします！

　現場のみなさまにとって，ぼくの経験が少しでもお役に立つことができれば，とてもうれしく思います。

斎藤道雄

＊本書は先に出版した，シニアが笑顔で楽しむ⑭『要支援・要介護の人もいっしょに楽しめるゲーム＆体操』を新装・大判化したものです。

も く じ

● レクがもっと楽しくなる!!　本書の上手な活用法 ●

〈ゲームや体操をするときの順序の目安〉

1　まず初めに基本のゲームや体操をします。

2　次に，応用（テクニック１，２）の順で行います。

3　順序が多少前後しても（テクニック１や２から始めても），特に問題はありません。
重要なのは，やり方を変えてより多く実践することです。

4　道具を使わないものを前半に，道具を使うものを後半にします。

5　時間がないときは，基本または応用のいずれか１つをするだけでもオーケーです。

〈活動時間と組み立てかたの目安〉

1　10分間の組み立てかた…道具を使わないゲームや体操，または道具を使うゲームや体操のどちらか１つ。

2　30分間の組み立てかた…かんたんな体操→道具を使わないゲームや体操→道具を使うゲーム（いずれか１つ）や体操→かんたんな体操

3　60分間の組み立てかた…かんたんな体操→道具を使わないゲームや体操→道具を使うゲームや体操（×２または３）→かんたんな体操

※道具を使わないゲームや体操（8〜21ページ，24〜37ページ）

※道具を使うゲームや体操（40〜53ページ，56〜69ページ，72〜85ページ）

要支援・要介護の人も
いっしょに楽しめる
ゲーム＆体操

① 指折り体操 1

ビックリするほど，かんたんです。

● すすめかた

① 椅子に腰かけて行います。

② 両手を前に出して，指をひらきます。

③ **両手いっしょに，親指から順に「1，2，3，4，5」と折ります。**

④ 5本とも折りおわったら，次は「6，7，8，9，10」と小指からひらいていきます。

⑤ 声を出してかぞえることが大切です。

⑥ 全部で5回繰り返して行いましょう。

● 誰もが楽しめる工夫のしかた

テクニック1	**力強く**声を出す。
	「**いちっ！　にいっ！　さんっ！**　……」
ねらいと効果	声に連動して指（手）にも**力が入る**。
	全体の雰囲気が盛り上がる。

・声を出しながら

1・2・3・・・・

・強く言いながら

1.2.

3.

・短く素早く

1・2・3

4・5・6

7・8・9

10

テクニック2	短く，素早くかぞえる。
	「いちっ，にっ，さんっ……」
ねらいと効果	指を**素早く動かす**。
	運動効果がアップする。

指折り体操2

小指から順番に指を折っていきましょう。

● すすめかた

① 椅子に腰かけて行います。

② 両手を前に出して，指をひらきます。

③ **両手の小指から順に「1，2，3，4，5」と指を折っていきます。**

④ 次に，両手の親指から順に「6，7，8，9，10」とひらいていきます。

⑤ **うまくできなくても気にせずに，声を出してかぞえることが大切です。**

⑥ 全部で5回繰り返して行いましょう。

● 誰もが楽しめる工夫のしかた

テクニック1	動かす**指（の名前）を言いながら**行う。
	「小指」と言いながら小指を折る。
ねらいと効果	指をより意識する。
	集中力がアップする。

- 小指から順に
1. 2・・・・

- 指を言いながら

小指！

- 強い声で
いちっ！　にいっ！
さんっ！

テクニック2	声を強く出す。
	「いちっ！　にいっ！　さんっ！　……」
ねらいと効果	声に連動して，指が力強く動く。
	運動効果がアップする。

③ のびのびストレッチ

たまには指をしっかりと伸ばしましょう。

● すすめかた

① 椅子に腰かけて行います。

② 両手を前に出して，手をにぎります。

③ **親指をしっかりと伸ばして，もとに戻します。**

④ 人差し指をしっかりと伸ばして，もとに戻します。

⑤ 以下同じようにして，小指まで１本ずつ順に行います。

⑥ **きちんと指が伸びなくても，伸ばそうと意識することが大切です。**

⑦ 全部で５回繰り返して行いましょう。

● 誰もが楽しめる工夫のしかた

テクニック１	１本ずつ時間をかけて，**ゆっくりとていねいに**行う。
ねらいと効果	**よりわかりやすくする。** 指を意識して伸ばす。

しっかり！

ゆっくり！

人差し指

. . . .

テクニック2	指の名前を**言いながら**行う。
	「親指」と言いながら親指を伸ばす。
ねらいと効果	声を出すことで**元気が出る**。
	より指を伸ばす。

④ グーチョキパー体操

かんたんだけど，運動効果は抜群！

● すすめかた

① 椅子に腰かけて行います。

② 両手を前に出します。

③ 両手いっしょに，**親指をつかんで，強くにぎります（グー）。**

④ 両手いっしょに，**人差し指と中指を伸ばして，しっかりひらきます（チョキ）。**

⑤ 両手いっしょに，**5本すべての指を，しっかりと伸ばします（パー）。**

⑥ **指の曲げ伸ばしをしっかりと意識することが大切です。**

⑦ 全部で5回繰り返して行いましょう。

● 誰もが楽しめる工夫のしかた

テクニック1	声を出しながら行う。
	「グー」「チョキ」「パー」
ねらいと効果	声を出すことで**元気が出る。**
	運動効果がアップする。

テクニック2	**力強い声で**言う。
	「グーッ！」「チョキッ！」「パーッ！」
ねらいと効果	声に連動して，指も**力強く動かす**。
	握力がアップする。

にぎってひらいて

左右の手の動きのちがいに要注意。

● すすめかた

① 　椅子に腰かけて行います。

② 　両手を前に出します。

③ 　はじめは，**右手をひらいてパーにします。**

④ 　**左手はにぎり，グーにします。**

⑤ 　次に，左右の手を逆（右手をグー，左手をパー）にします。

⑥ 　両手で同じものを出さないよう注意しながら行います。

⑦ 　はじめは，ゆっくりでかまいません。ていねいに行いましょう。

⑧ 　10回繰り返して行いましょう。

● 誰もが楽しめる工夫のしかた

テクニック1	左右の手を入れ替えるときに「エイッ」と**かけ声をかける**。
ねらいと効果	声を出すことで，**元気が出る**。 全体の雰囲気が盛り上がる。

テクニック2 | **両手いっしょに**にぎりグーにして，両手いっしょ
　　　　　 | にひらいてパーにする。

ねらいと効果 | 両手の動きを同じにして，**よりかんたんに**する。
　　　　　　 | 感覚を覚える。

ドンパン体操

グーグーパーパー♪　グーパーパー♪

● すすめかた

① 椅子に腰かけて行います。両手を前に出します。

② はじめに「グー，グー」と言いながら，両手をいっしょににぎり，グーにします。

③ 次に「パー，パー」と言いながら，両手の指をいっしょにひらいて，パーにします。

④ 最後に「グー，パー，パー」と言いながら，同じように指を動かします。

⑤ **声を出しながら手を動かすことが大切です。**

⑥ 全部で5回繰り返します。

⑦ 楽しんで行いましょう！

● 誰もが楽しめる工夫のしかた

テクニック1	徐々に**スピードアップ**する。
ねらいと効果	**よりむずかしく**する。
	集中力をアップする。

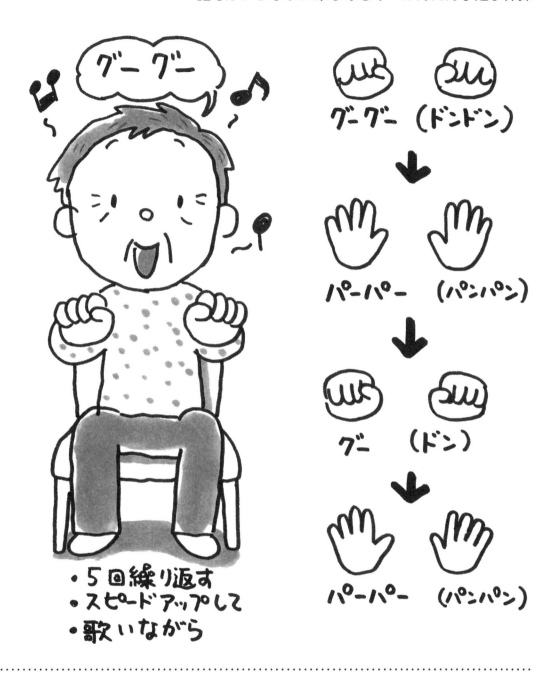

グーグー

グーグー　（ドンドン）

↓

パーパー　（パンパン）

↓

グー　　（ドン）

↓

パーパー　（パンパン）

・5回繰り返す
・スピードアップして
・歌いながら

テクニック2	グーはドン，パーはパン，**ドンパン節を歌いながら**行う。
ねらいと効果	**リズム感がアップ**する。 歌うことで，全体の雰囲気が盛り上がる。

スッキリ肩たたき

肩もスッキリほぐれて，ストレス解消。

● すすめかた

① 椅子に腰かけて行います。

② まず右手で，左の肩を「**1，2，3，4，5，6，7，8**」と言いながら8回たたきます。

③ つぎに左手で，右の肩も同じようにたたきます。

④ こんどは回数を減らして，左の肩を「**1，2，3，4**」とたたきます。

⑤ 右の方も「1，2，3，4」と言いながらたたきます。

⑥ さらに回数を減らして，左の肩から「**1，2**」とたたきます。右の肩も同様です。

⑦ さいごは**1回ずつ**たたきます。

⑧ 締めくくりは，**拍手を1回**して完成です。

⑨ リズムよくできれば，大成功です。

⑩ 楽しんで行いましょう！

● 誰もが楽しめる工夫のしかた

テクニック1 慣れてきたら徐々に**テンポアップ**する。

ねらいと効果 リズムを速くすることで，**よりむずかしく**する。肩こりの予防，解消になる。

・ゆっくり

1. 2. 3. 4

・テンポアップ

1・2・3・4

1・2・3・4

・歌いながら…

もしもし
かめよ♪

テクニック2	うさぎとかめ（もしもしかめよ♪）にあわせて行う。
ねらいと効果	歌うことで，**リズム感がよくなる**。 声を出すと，全体の雰囲気が盛り上がる。

しらけムードを撃退する
3つの極意

　「しらけるのが怖い」「何をやってもウケない」現場スタッフの
なかにはそう感じている人が多いようです。

　ある人気お笑い芸人が「お客さんに年寄りが多いとやりづらい，
何を言ってもまったくウケない」と言って，笑いのネタにしてい
ました。

　みんなそうなんです。しらけても気にする必要はありません。
ぼくが日ごろ実践している，しらけムード撃退法は次の通りです。

しらけムードを撃退する 3 つの極意

1　**簡潔に話す。**

　　わかりやすく話すことで，聞いている人の集中力が
　　アップします。説明は簡潔に，長話は禁物です。

2　**声を出す。**

　　声を出しながらからだを動かすと，元気が出ます。さ
　　らに，全体が，明るく，活気のある雰囲気になります。

3　**待ち時間を短くする。**

　　待ち時間を短くして，からだを動かす時間を長くする
　　ように考えましょう。

簡潔に話すことが鉄則。集中力がアップする。あらかじめ，キーワードを厳選しておくとよい。

たたいてこすって

右手でたたいて左手でこする，両手いっしょに。

● すすめかた

① 椅子に腰かけて行います。

② 両手をひざの上におきます。

③ **右手をグーにして，トントンとひざをたたきます。**

④ **左手をパーにして，ゴシゴシとひざをこすります。**

⑤ 両手いっしょに行います。

⑥ グーでこすったり，パーでたたいたりしないように，注意します。

⑦ 間違えても気にせずに，続けて行うことが大切です。

⑧ 楽しんで行いましょう！

● 誰もが楽しめる工夫のしかた

テクニック１	**両手とも同じ動きにして**，グーでたたく，パーでこする。
ねらいと効果	感覚を覚える。 **よりかんたんに**する。

・両手 いっしょに たたく

トントン トントン

・両手 いっしょに こする

ゴシ ゴシ

・たたきながらする

トントン ゴシゴシ

・左右 逆にする

ゴシゴシ トントン

テクニック2	〈すすめかた〉のときと，**手を反対にする**（右手でこする，左手でたたく）。
ねらいと効果	不得意な手で行う。 集中力がアップする。

○×体操

右手で○左手で×，さあ左右いっしょに。

● すすめかた

① 椅子に腰かけて行います。両手を前に出します。

② **右手の人差し指を伸ばして，大きな円（○）を描きます。**

③ **左手の人差し指を伸ばして，大きなバツ（×）を描きます。**

④ 左右の手で，○と×をいっしょに描きます。

⑤ 手だけでなく，腕を大きく動かします。

⑥ 間違えても気にせずに続けて行うことが大切です。

⑦ 楽しみながら，10回繰り返しましょう。

● 誰もが楽しめる工夫のしかた

テクニック1	先に○を描いて，あとから×を描く。**1つずつ分けて行う。**
ねらいと効果	**よりかんたんに**する。 感覚を覚える。

・先に○を描いて

あとから×を描く

・左右を逆にする

・○と×を同時に

テクニック2　｜　〈すすめかた〉のときと，**手を反対にする**（右手
　　　　　　　　を×，左手を○）。
ねらいと効果　｜　不得意な手で行う。
　　　　　　　　よりむずかしくする。

グーチョキ体操

思わずパーを出したくなります。

● すすめかた

① 椅子に腰かけて行います。

② 両手を前に出します。

③ **右手の人差し指と中指を伸ばしてチョキにします。**

④ **左手はにぎり，グーにします。**

⑤ 左右の手を逆（右手をグー，左手をチョキ）にします。

⑥ 両手の動きに，注意しながら行います。

⑦ 手の動きを間違えても気にせずに，続けて行うことが大切です。

⑧ 楽しみながら，10回繰り返して行いましょう。

● 誰もが楽しめる工夫のしかた

テクニック1 | ゆっくりと，**1回だけ**行う。

ねらいと効果 | **よりやさしく**する。

手や指の感覚を覚える。

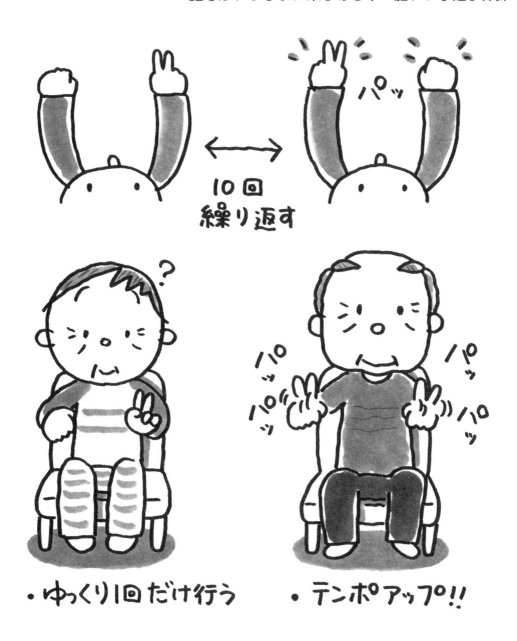

10回
繰り返す

・ゆっくり1回だけ行う　　・テンポアップ!!

テクニック2　　｜　よりテンポアップする。

ねらいと効果　｜　リズムを速くすることで，**よりむずかしく**する。
　　　　　　　　　｜　集中力がアップする。

なかよしおやこ

親指と小指は動きもなかよしです。

● すすめかた

① 椅子に腰かけて行います。両手を前に出します。

② 両手をいっしょににぎり，グーにします。

③ **右手は親指を伸ばし，左手は小指を伸ばします。**

④ 指をもとにもどします（両手はグー）。

⑤ つぎに，先ほどとは逆に，右手は小指を，左手は親指を伸ばします。

⑥ 指を意識することが大切です。

⑦ 間違えても気にせずに続けることが大切です。

⑧ 楽しみながら，10回繰り返して行いましょう。

● 誰もが楽しめる工夫のしかた

テクニック1 ┃ **左右同時に**親指を伸ばして，もどす。つぎは小指を伸ばして，もどす。

ねらいと効果 ┃ 両手を同じ動きにすることで，**よりかんたんに**する。

・10回繰り返す

・両手いっしょに

もしもしかめよ
かめさんよ〜

・歌いながら

....

テクニック2	うさぎとかめを**歌いながら**行う。 ♪もしもし（伸ばす）♪かめよ（もどす）
ねらいと効果	歌うことで，**よりリズミカルに**なる。 声を出すと，元気になる。

ひらく指，折る指

右手は親指から，左手は小指から。

● すすめかた

① 椅子に腰かけて行います。

② 両手を前に出します。

③ 右手をパー，左手をグーにします。

④ **右手は「1，2，3，4，5」と，親指から順に指を折っていきます。**

⑤ **左手は，小指から順に指をひらいていきます。**

⑥ 左右の手を同時に動かして行います。

⑦ 間違えずにできれば大成功です。

⑧ 間違えても気にせずに続けて行うことが大切です。

⑨ 楽しみながら，5回繰り返して行いましょう。

● 誰もが楽しめる工夫のしかた

テクニック1	両手をひらいて，**親指から順に**5つ折っていく。 両手をにぎって，**小指から順に**5つひらいていく。
ねらいと効果	両手の動きを同じにすることで，**よりかんたん**にする。

・両手同じ動きに…

・右手親指から
左手小指から

・左右を反対
にする

テクニック2　〈すすめかた〉のときと，**手を反対にする。**

ねらいと効果　不得意な手で行う。
よりむずかしくする。

口だけグーチョキパー

言うこととすることが違うジャンケン。

● すすめかた

① 椅子に腰かけて行います。

② 両手を前に出します。

③ はじめに**「グー」と言いながら，両手をパー**にします（手が口に勝つようにする）。

④ 次に**「チョキ」と言いながら，両手をにぎりグー**にします。

⑤ 次に**「パー」と言いながら，両手をチョキ**にします。

⑥ 口と手がいっしょにならないように注意しましょう。

⑦ 間違えても気にせずに，続けて行うことが大切です。

⑧ 楽しみながら，10回繰り返して行いましょう。

● 誰もが楽しめる工夫のしかた

テクニック1	「グー」「チョキ」「パー」と順に言いながら，**手もおなじ**ように動かす。
ねらいと効果	**よりかんたんに**する。

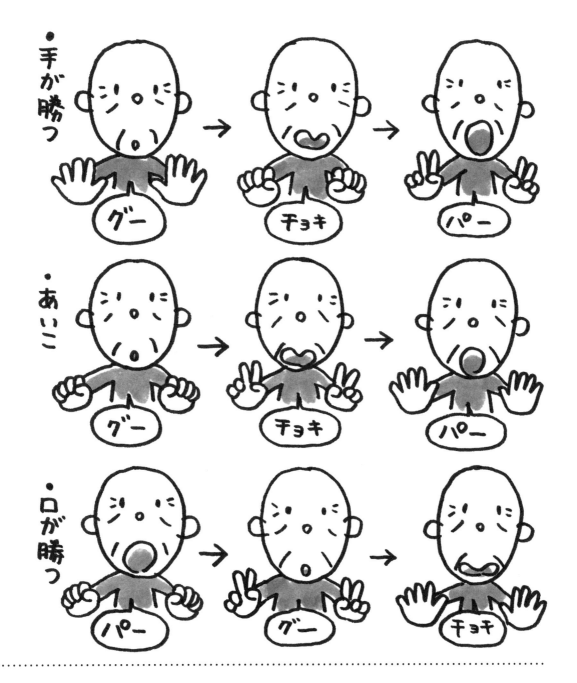

・手が勝つ
グー → チョキ → パー

・あいこ
グー → チョキ → パー

・口が勝つ
パー → グー → チョキ

テクニック2	手をグーチョキパーの順に，口は「パー，グー，チョキ」の順に言いながら，行う。
ねらいと効果	口が手に勝つようにする。**よりむずかしく**する。集中力がアップする。

⑭ 指のおいかけっこ

けっして追い越さないでください。

● すすめかた

① 椅子に腰かけて行います。両手を前に出します。

② 右手は，指をひらいてパーにします。

③ **左手は，親指を折って，ほかの指を伸ばします。**

④ 右手は親指から順に「1，2，3，4，5」と，指を折っていきます。6からは，順に小指からひらいていきます。

⑤ 左手は人差し指から順に「1，2，3，4」と，指を折っていきます。

⑥ 5から順にひらいていき，10で親指を再び折ります。

⑦ 間違えずにできれば，大成功です。

⑧ 楽しみながら，5回繰り返しましょう。

● 誰もが楽しめる工夫のしかた

テクニック1	「10」までではなく**「5」まで**行う。
ねらいと効果	目標を小さくする。**よりかんたんに**する。

・手を反対にする

・折る. ひらく
　同時に

・5つだけ数える

5 4 3 2　1 2 3 4（折る）
　　　　　　5（ひらく）

テクニック2　｜　**手を反対**にする（右手は人差し指からスタート）。

ねらいと効果　｜　不得意な手で行う。**よりむずかしく**する。
　　　　　　　　集中力がアップする。

スタッフが年長者との年齢差を克服するための4つの秘訣

　相手が年長者だと，どうしても相手に対して，遠慮がちになってしまいます。ぼくも，はじめのころはそうでした。

　うまくいかないと悩んでいたときに，原点に返ることで自分がやるべきことに気づきました。

　ぼくの原点とは，「からだを動かす意欲を高めること」です。いちいち相手に遠慮してたら，うまくいくはずがありません。

　せっかく参加してくださるシニアのみなさまにとって，申し訳のない結果になってしまいます。

　年長者には，配慮しつつも遠慮はせずに，自信のある言動を心がけます。

年長者との年齢差を克服するための4つの秘訣

1　相手が年長者だからといって，極端にへりくだる必要はない。
　あまりにていねいすぎると，逆に不信感を与えます。

2　ことばづかい，態度には，じゅうぶんに気を配る。
　ていねいに話します。身だしなみに気をつけます。

3　その上で，自分の言動に自信をもつことを心がける。
　自信をもった言動が相手の信頼を得，相手を動かします。

4　配慮しつつも遠慮はしない。

まとめ

ことばづかい，態度にはじゅうぶん気を
つけたうえで，自分の言動に自信をもつ。

シングルハンド

まずはお手玉の基本運動から。

● すすめかた

① 椅子に腰かけて行います。

② ひとりに１つずつ，お手玉を用意します。

③ **お手玉を，右手でおへその前から，真上に投げます。**

④ 落ちてきたお手玉を，右手でキャッチします。

⑤ みごとキャッチできれば，大成功です。

⑥ 落としても気にせずトライすることが大切です。

⑦ 楽しみながら，10 回繰り返して行いましょう。

● 誰もが楽しめる工夫のしかた

| テクニック１ | 右手で投げて，**両手でキャッチ**する。 |

| ねらいと効果 | 両手を使うことで，**よりかんたんに**する。
感覚を覚える。 |

・右手だけで

・左手だけで

・両手でキャッチ

テクニック2	左手だけで，投げてキャッチする。
ねらいと効果	不得意な手を使う。**よりむずかしく**する。集中力がアップする。

たたいてキャッチ

あわてずに真上に投げればむずかしくない。

● すすめかた

① 椅子に腰かけて行います。

② ひとりに１つずつ，お手玉を用意します。

③ お手玉を，おへその前から真上に投げます。

④ **すばやく手を１回たたきます（拍手する）。**

⑤ お手玉が落ちてきたら，両手でキャッチします。

⑥ ナイスキャッチできれば，大成功です。

⑦ **あわてずに，お手玉を真上に投げることが大切です。**

⑧ 楽しみながら，10 回繰り返して行いましょう。

● 誰もが楽しめる工夫のしかた

テクニック１	手をたたく回数を，**２回**にする。
ねらいと効果	**よりむずかしく**する。 敏捷性がアップする。

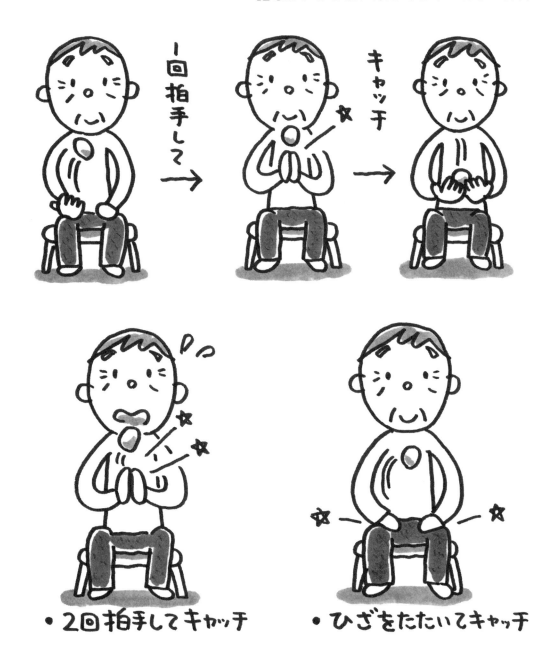

一回拍手して→

キャッチ

・2回拍手してキャッチ

・ひざをたたいてキャッチ

テクニック2	両手で**ひざを1回たたいて**，キャッチする。
ねらいと効果	ひざをたたくことで，**よりむずかしく**する。集中力がアップする。

ひざにドロップ

プロ野球選手も驚きのひざでファインプレー。

● すすめかた

① 椅子に腰かけて行います。

② ひとりに１つずつ，お手玉を用意します。

③ ひざと足を閉じます。

④ お手玉をおへその前から真上に投げます。

⑤ **落ちてきたお手玉が，ひざの上にのれば，大成功です。**

⑥ お手玉を真上に投げることが大切です。

⑦ 楽しみながら，10回繰り返して行いましょう。

● 誰もが楽しめる工夫のしかた

テクニック１	お手玉を**小さく**（10センチぐらいの高さ）**投げる。**
ねらいと効果	小さく（低く）投げることで，**よりかんたんに**する。

・ひざの上に

10センチ

・小さく投げて

・足の上に

テクニック2	足を閉じて，お手玉を**足の（甲の）上に**のせる。
ねらいと効果	下半身に**意識を集中**する。 集中力がアップする。

ブラインドキャッチ

勘だけがあなたのたよりです。

● **すすめかた**

① 椅子に腰かけて行います。

② ひとりに１つずつ，お手玉を用意します。

③ お手玉を，おへその前から真上に投げます。

④ **お手玉を投げたら，目を閉じて，両手を前に出します。**

⑤ **目を閉じたまま，お手玉をキャッチできれば，大成功です。**

⑥ 失敗しても気にせずに，続けることが大切です。

⑦ 楽しみながら，10回繰り返して行いましょう。

● **誰もが楽しめる工夫のしかた**

テクニック１	お手玉を**小さく**（10センチぐらいの高さ）**投げる。**
ねらいと効果	小さく（低く）投げることで，**よりかんたんに**する。キャッチする感覚を覚える。

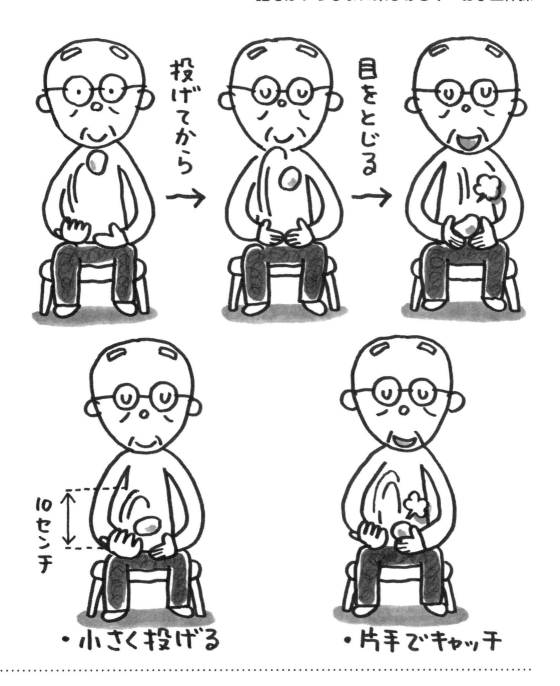

投げてから

目をとじる

10センチ

・小さく投げる

・片手でキャッチ

テクニック2	目を閉じて，**片手だけで**キャッチする。
ねらいと効果	片手だけにすることで，**よりむずかしく**する。 集中力がアップする。

ひとりではねつき

はねつきのようにお手玉しましょう。

● すすめかた

① 椅子に腰かけて行います。

② ひとりに１つずつ，お手玉を用意します。

③ お手玉を，おへその前から，真上に投げます。

④ **落ちてくるお手玉を手で真上に打ちます。**

⑤ 打ち上げたお手玉を，両手でキャッチします。

⑥ ナイスキャッチできれば大成功です。

⑦ 失敗しても気にせずに，10回繰り返します。

⑧ 楽しんで行いましょう！

● 誰もが楽しめる工夫のしかた

テクニック１	打つときに「それっ！」と**かけ声をかける**。
ねらいと効果	声を出すと**元気が出る**。パワーアップする。全体の雰囲気が盛り上がる。

打ちあげて → キャッチする →

それっ！

・かけ声をかける　　　・2回連続で打つ

テクニック2	お手玉を，**2回連続で打つ**。
ねらいと効果	連続することで，**よりむずかしく**する。 集中力がアップする。

後ろでキャッチ

背筋を伸ばせば，思ったよりもかんたん。

● すすめかた

① 椅子に腰かけて行います。

② ひとりに１つずつ，お手玉を用意します。

③ 足を肩幅にひらいて，背筋を伸ばします。

④ お手玉を右手に持ちます。

⑤ 左手は後ろにまわして，手のひらを上にします。

⑥ **お手玉を頭の後ろから真下に落として，左（下の）手でキャッチします。**

⑦ ナイスキャッチできれば大成功です。

⑧ 失敗しても気にせずに，何度もトライしましょう。

⑨ 楽しんで，10回行いましょう！

● 誰もが楽しめる工夫のしかた

テクニック１	お手玉を，頭の後ろで，右手から左手へ**持ち替える。**
ねらいと効果	後ろでお手玉を扱う感覚を覚える。**よりかんたんに**する。

・落としてキャッチ

・右手から左手に持ち替える

・左右反対で

テクニック２　〈すすめかた〉のときと，**手を反対にする**（左手で落とす）。

ねらいと効果　不得意な手を意識する。

よりむずかしくする。

㉑ モデルウォーキング

頭のお手玉を落とさないように足ぶみ。

● すすめかた

① 椅子に腰かけて行います。

② ひとりに１つずつ，お手玉を用意します。

③ 背筋を伸ばして座ります。

④ **お手玉を，落ちないように，頭の上にのせます。**

⑤ 腕を前後に振りながら，足ぶみをします。

⑥ **お手玉を落とさないように，意識しながら行います。**

⑦ ８歩×２回行います。

⑧ 楽しんで足ぶみしましょう！

● 誰もが楽しめる工夫のしかた

テクニック１ ｜ 元気に声を出して，**かぞえながら行う。**

ねらいと効果 ｜ **リズム感がよくなる。**
｜ 雰囲気が明るくなる（盛り上がる）。

・のせたまま足ぶみ

いち．
にい．
さん

・かぞえながら足ぶみ

・大きく足ぶみ

テクニック2	腕を大きく振りながら，ひざを高くあげる。
ねらいと効果	**よりむずかしく**する。 運動効果がアップする。

要介護シニアの体操支援をするときの3つの秘訣

　レクリエーション活動に参加するシニアの中でも，要介護3〜4になると，かなり身体機能の低下がみられます。参加者のなかには，イスに腰かけたままで，ほとんど何もしない人もいます。

　こういう場合は，相手に運動することをあまり期待せずに，自分にできることを確実に実践しましょう。

要介護シニアの体操支援をするときの3つの秘訣

1　声を出すことを，最も重視する。

　身体機能が低下しているシニアにとって，声を出すことは一番実践しやすい。声を出すことなら誰にでもかんたんにできます。運動の効果もアップします。

2　体操に参加してくださることに，必ず感謝を示す。

　ある専門家によれば，「健康に一番大切なことは，感謝すること」と言います。「ご参加ありがとうございます」など，「ありがとう」ということばを口から出す。ことばのパワーが人を健康にします。

3　元気と笑顔を見せる。

　元気な人を見ていると，元気になります。

　笑っている人を見ると，楽しくなります。

　まず，自分自身が，元気で笑顔でいてください。

まとめ

シニアに運動するのを期待するより，まず，笑顔，元気，感謝など，自分にできることを確実に実践することを心がける。

スカイツリー

手のひらに，のせてみせますスカイツリー。

● **すすめかた**

① 椅子に腰かけて行います。

② ひとりに１枚ずつ，新聞紙を用意します。

③ 新聞紙を A4 の大きさにします（たたみます）。

④ 片手を前に出して，手のひらを上にします。

⑤ **手のひらの上に，新聞紙をたてます（たてにのせる）。**

⑥ 新聞紙を落とさないように，バランスをとります。

⑦ うまく手のひらにのれば，大成功です。

⑧ 新聞紙を落としても気にせずにどんどんトライしてください。

⑨ 楽しみながら，繰り返して行いましょう！

● **誰もが楽しめる工夫のしかた** ……………

テクニック１ ｜ 新聞紙を少しだけ**ひらく。**

ねらいと効果 ｜ 新聞紙が安定する。
｜ **よりかんたんに**する。

たたんでのせる

少しひらいてみる

ひざの上に　たてる

テクニック2	新聞紙を少しひらいて，**ひざの上にたてる**。
ねらいと効果	下半身（脚）に**意識を集中**する。 集中力がアップする。

魔法のじゅうたん

ひらひらと右へ左へ，ナイスキャッチ！

● すすめかた

① 椅子に腰かけて行います。

② ひとりに 1 枚ずつ，新聞紙を用意します。

③ 新聞紙を，すべてひろげます。

④ 両手を前に出して，手のひらの上に新聞紙を（横に寝かせて）のせます。

⑤ **新聞紙を真上に投げて（空中に浮かせて），落ちてきたところをキャッチします。**

⑥ うまくできれば，大成功です。

⑦ 失敗しても気にせずに，楽しみながら，10 回繰り返して行いましょう。

● 誰もが楽しめる工夫のしかた

テクニック1 ｜ 新聞紙を 1 回たたむ（**半分の大きさに**する）。

ねらいと効果 ｜ 半分にすることで，**よりかんたんに**する。
｜ 新聞紙をキャッチする感覚を覚える。

ひろげて

半分の大きさで

A4の大きさで
片手で..

テクニック2	新聞紙をA4の大きさにして，**片手だけで**行う（片手で投げてとる）。
ねらいと効果	**よりむずかしく**する。集中力がアップする。

落としてナイスキャッチ！

落としどころが成功の秘訣です。

● すすめかた

① 椅子に腰かけて行います。

② ひとりに１枚ずつ，新聞紙を用意します。

③ 新聞紙を A4 の大きさにします（たたみます）。

④ 新聞紙を頭の上にのせます。

⑤ 両手を前に出して，手のひらを上にします。

⑥ **頭を下げて新聞紙を落として，手の上にのせます。**

⑦ ナイスキャッチできれば，大成功です。

⑧ 失敗しても気にせずに，楽しみながら，10 回繰り返して行いましょう。

● 誰もが楽しめる工夫のしかた

テクニック１　新聞紙を頭の上から**ひざの上に落とす**。

ねらいと効果　脚の動きに意識を集中する。
集中力をアップする。

・手のひらに落とす

・ひざの上に落とす　　　・後ろに落としてキャッチ

テクニック2	頭の上から，**後ろに落として**キャッチする。
ねらいと効果	**よりむずかしく**する。 集中力がアップする。

足折り紙

折って，折って，また折って……。

● すすめかた

① 　椅子に腰かけて行います。

② 　ひとりに１枚ずつ，新聞紙を用意します。

③ 　新聞紙をすべてひろげて，足元に置きます。

④ 　**足だけ（両足）を使って，新聞紙を半分に折りたたみます。**

⑤ 　さらに半分に，新聞紙を折りたたみます。

⑥ 　繰り返して行い，最後は A4 の大きさになれば，大成功です。

⑦ 　足先に意識を集中して行うことが大切です。

⑧ 　最後までできなくても気にせずに，楽しんで行いましょう！

● 誰もが楽しめる工夫のしかた

テクニック１	まずは，**１回だけ折る**（半分にする）。
ねらいと効果	目標を低くすることで，**よりかんたんに**する。足先の感覚をつかむ。

・半分にだけ
　たたむ

・ひろがっているのを
　A4までたたむ

・たたんであるのを
　ひろげる　→

テクニック2　｜　A4の大きさからスタートして，**最後までひろげ**
　　　　　　｜　**る**。

ねらいと効果　｜　**よりむずかしく**する。
　　　　　　　｜　足先を器用に動かす。

ちぎってちぎって

足先を器用に使って破いてください。

● すすめかた

① 　椅子に腰かけて行います。

② 　ひとりに１枚ずつ，新聞紙を用意します。

③ 　新聞紙をすべてひろげて，足元に置きます。

④ 　**両足をつかって新聞紙を破きます。**

⑤ 　破いた新聞紙を，さらに破きます。

⑥ 　繰り返し行い，細かくしていきます。

⑦ 　うまく破けなくても気にせずに，トライしてください。

⑧ 　楽しみながら行いましょう！

● 誰もが楽しめる工夫のしかた

テクニック１　┃　**１回だけ**破く（半分に破く）。

ねらいと効果　┃　目標を小さくすることで，**よりやさしく**する。
　　　　　　　　　┃　足先を動かす感覚を覚える。

・1回だけ破く

・細かく破く

・1分間でできるだけ…

テクニック2	1分間で，できるだけ細かく破く。
ねらいと効果	時間を制限することで，**やる気を高める。**

パンチでスッキリ！

思いっきりパンチして，気分爽快。

● すすめかた

① 椅子に腰かけて行います。

② ひとりに１枚ずつ，新聞紙を用意します。

③ 新聞紙をすべてひろげます。

④ ひろげた新聞紙を，片手で目の前に持ちあげます。

⑤ **もう片方の手をグーにして，ストレートパンチします。**

⑥ 思いっきり打てば，スッキリ気分爽快です。

⑦ 楽しみながら，10 回繰り返して行いましょう。

● 誰もが楽しめる工夫のしかた

テクニック１　｜　「えいっ！」と**元気に声を出す。**

ねらいと効果　｜　声を出すことで**パンチ 力がアップ**する。

　　　　　　　　　｜　ストレス解消になる。

・パンチ

えいっ！！

・強い声で

・反対の手で

テクニック2 | **反対の手で**パンチする。

ねらいと効果 | 不得意な手で打つことで，**よりむずかしく**する。
運動効果をアップする。

㉘ ちっちゃく丸めちゃおう！

両手じゃありません，片手だけで。

● すすめかた

① 椅子に腰かけて行います。

② ひとりに１枚ずつ，新聞紙を用意します。

③ 新聞紙を半分の大きさにします（破きます）。

④ 半分にした新聞紙の角を１つ，片手で上からつかみます。

⑤ **片手（新聞紙を持っている手）だけを使って，新聞紙をちっちゃく丸めていきます。**

⑥ 手の中に入るぐらいの大きさになれば，大成功です。

⑦ 楽しんで，トライしましょう！

● 誰もが楽しめる工夫のしかた

テクニック１	〈すすめかた〉のときと，**手を反対にする。**
ねらいと効果	不得意な手を動かす。 **よりむずかしく**する。

・片手だけで丸める

・反対の手で

・時間を計る

| テクニック2 | 丸め終えるまでの**時間を計測する**（左右）。 |
| ねらいと効果 | タイムを計測することで，**やる気を高める**。握力がアップする。 |

レクのマンネリを解消するための5つのアイディア

　ある研修会に参加した人たちに「新聞紙で，10とおりの遊びを考えてください」と課題を出したところ，ほとんどの人は2，3とおりを考えるのが，精一杯でした。

　そういう人たちの共通点は「おもしろい遊びを考えなきゃいけない」と自分でハードルを高くしすぎていることです。

　くだらない遊びがあってもいいんです。もっと肩の力を抜いて気楽に考えましょう。**アイディアは質より量です。**

マンネリを解消するための⑤つのアイディア

1　**何気ないことが遊びにつながる。**
　　例，手のひらに傘をのせる，指にペンをのせる

2　**すでにある遊びを，道具を変えて行う。**
　　例，お手玉遊びを，ペットボトルでする

3　**両手を使う場合は，片手だけにする。**
　　例，新聞紙を片手で丸める

4　**手を使う場合は，足だけでする。**
　　例，新聞紙を足でたたむ，新聞紙を足で破く

5　**片手を使う場合は，反対の手でする。**
　　例，利き手とは反対の手で，お手玉を上に投げてとる

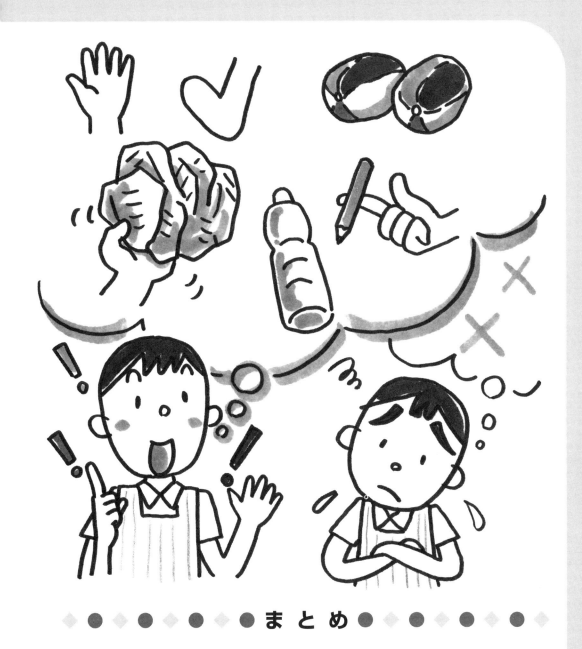

◆ ● ◆ ● ◆ ● ◆ ● ◆ **ま と め** ● ◆ ● ◆ ● ◆ ● ◆

「これはつまらない」とはじめから決め
つけない。

アイディアは質より量で考えるとよい。

かんたんマッサージ

手が届かなくても棒をつかえばかんたんに。

● すすめかた

① 　椅子に腰かけて行います。

② 　ひとりに１本ずつ，新聞紙を丸めた棒を用意します。

③ 　片手で，棒の下を持ちます。

④ **棒を使って，自分の肩を，10 回たたきます。**

⑤ 　反対の肩も，同じように行います。

⑥ 　首のつけね，首の後ろなど，たたく場所を変えてみましょう。

⑦ 　からだがほぐれて気分もスッキリしますよ。

※棒のつくりかたは P86，87 を参照

● 誰もが楽しめる工夫のしかた

テクニック１ ｜ 背中と腰をたたく。

ねらいと効果 ｜ 背中と腰をほぐす。
｜ 血行がよくなる。

肩を

背中を

腰を

ふくらはぎを

テクニック2	ふくらはぎを外から，内から，後ろからたたく。
ねらいと効果	脚をほぐす。

上の手から下の手へ

ほらそこそこ，もうちょっと右，もうちょっと左。

● すすめかた

① 椅子に腰かけて行います。

② ひとりに１本ずつ，新聞紙を丸めた棒を用意します。

③ 片手で，棒の下を持ちます。

④ 棒を持ち上げて，後ろ（背中）にまわします。

⑤ 腰のあたりで，反対の手で，棒をつかみます。

⑥ **上の手から下の手へ，棒を渡すことができれば大成功です。**

⑦ 棒の先（持ち替えるところ）を，意識することが大切です。

⑧ ゆっくりとていねいに，10回繰り返して行いましょう。

※棒のつくりかたは P86，87 を参照

● 誰もが楽しめる工夫のしかた

テクニック１	**上下の手を替えて**行う（上の手は下，下の手は上に）。
ねらいと効果	不得意な手（腕）で行う。 **よりむずかしく**する。

・上から下の手へ‥

・不得意な手で‥

・下から上の手へ‥

テクニック2	下の手から上の手に渡す。

ねらいと効果	腕や肩を動かしてほぐす。 **よりむずかしく**する。

バランス棒１

むかし，えんぴつでこんな遊びをしました。

● すすめかた

① 椅子に腰かけて行います。

② ひとりに１本ずつ，新聞紙を丸めた棒を用意します。

③ 片手を前に出して，手のひらを上にします。

④ 手をにぎり，人差し指を伸ばします。

⑤ **人差し指の上に，棒を横に寝かせてのせます。**

⑥ 棒が落ちなければ，大成功です。

⑦ 棒を落としても気にせずに，トライしてください。

⑧ 楽しんで行いましょう！

※棒のつくりかたは P86，87 を参照

● 誰もが楽しめる工夫のしかた

テクニック１	５本全部の指を伸ばして，棒を**手のひらに**のせる。
ねらいと効果	指を増やして，**よりかんたんに**する。 バランス感覚を養う。

人差し指に

手のひらの上に

手のひらを下にして

テクニック2	手のひらを下にして，手の甲にのせる。
ねらいと効果	集中力がアップする。 手に意識を集中する。

バランス棒2

むかし，かさやほうきでバランスを競いました。

● すすめかた

① 椅子に腰かけて行います。

② ひとりに1本ずつ，新聞紙を丸めた棒を用意します。

③ 片手を前に出して，手のひらを上にします。

④ 手をにぎり，人差し指を伸ばします。

⑤ **人差し指の上に，棒をたてにしてのせます。**

⑥ 棒を落とさないように，バランスがとれれば大成功です。

⑦ 楽しんで，トライしましょう！

※棒のつくりかたはP86，87を参照

● 誰もが楽しめる工夫のしかた

テクニック1　｜　5本全部の指を伸ばして，棒を**手のひらに**のせる。

ねらいと効果　｜　指を増やして，**よりかんたんに**する。
　　　　　　　　｜　バランス感覚を養う。

・人差し指に

・手のひらに

・反対の手の
　人差し指

テクニック2 〈すすめかた〉のときと，**手を反対にする。**

ねらいと効果 集中力がアップする。
よりむずかしくする。

反射キャッチ

反射神経を鍛えてよくするゲーム。

● すすめかた

① 椅子に腰かけて行います。

② ひとりに１本ずつ，新聞紙を丸めた棒を用意します。

③ 片手を前に出して，棒をたてにして持ちます。

④ 棒を持ち上げて，反対の手を下に出します。

⑤ **棒を上から下に落として，すばやく反対の手でキャッチします。**

⑥ 棒を落とさずにキャッチできれば大成功です。

⑦ 10回繰り返して行います。

⑧ 楽しみながら，トライしましょう！

※棒のつくりかたは P86，87 を参照

● 誰もが楽しめる工夫のしかた

テクニック１	棒の**すぐ下**（棒に近い）のところで，キャッチする。
ねらいと効果	**よりかんたんに**する。棒をキャッチする感覚をつかむ。

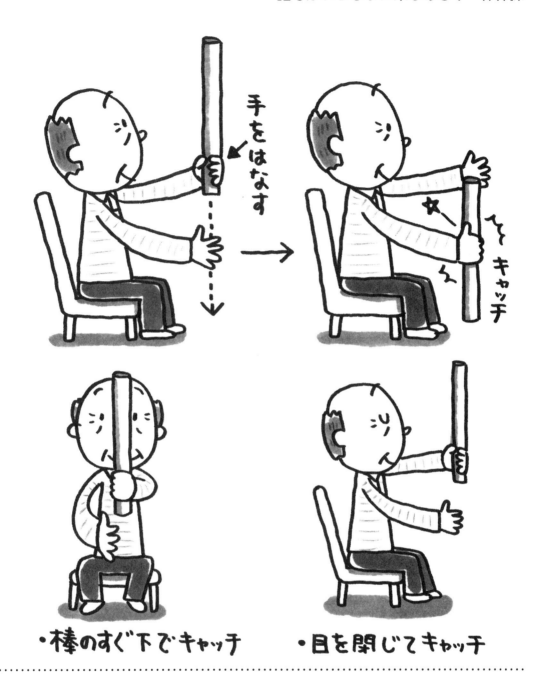

手をはなす

キャッチ

・棒のすぐ下でキャッチ　　　・目を閉じてキャッチ

テクニック2	**目を閉じて**，棒を落としてキャッチする。
ねらいと効果	目を閉じることで，**よりむずかしく**する。 落ちる場所を予測する（集中力アップ）。

空飛ぶステッキ

棒を真上に投げてナイスキャッチ！

● すすめかた

① 椅子に腰かけて行います。

② ひとりに1本ずつ，新聞紙を丸めた棒を用意します。

③ 片手を前に出して，棒をたてにして持ちます。

④ **棒を，胸の前から，真上に投げます。**

⑤ **落ちてきた棒は同じ手でキャッチします。**

⑥ ナイスキャッチできれば，大成功です。

⑦ 失敗しても気にせずにどんどんトライしてください。

⑧ 全部で10回繰り返します。

⑨ 楽しんで行いましょう！

※棒のつくりかたはP86，87を参照

● 誰もが楽しめる工夫のしかた

テクニック1	片手で投げて，**両手でキャッチ**する。
ねらいと効果	**よりかんたん**にする。
	棒をキャッチする感覚をつかむ。

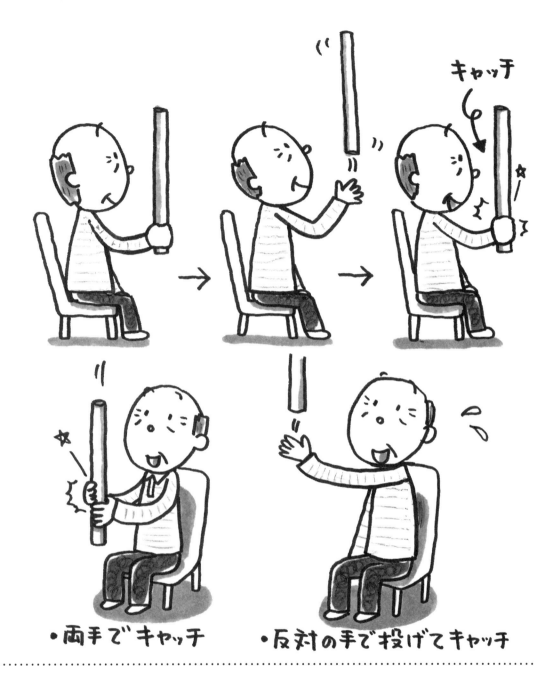

・両手でキャッチ

・反対の手で投げてキャッチ

テクニック2	**反対の手で**，投げてキャッチする。

ねらいと効果	**よりむずかしく**する。
	集中力がアップする。

落とさぬように

足から足へ，そして足から足へ。

● すすめかた

① 　椅子に腰かけて行います。

② 　ひとりに１本ずつ，新聞紙を丸めた棒を用意します。

③ 　右足を前に出します。

④ 　右足の（甲の）上に，棒を横に寝かせてのせます。

⑤ 　**棒を，右足から左足へ，足だけで移動します。**

⑥ 　棒を落とさずできれば，大成功です。

⑦ 　失敗しても気にせずに，足先に集中することが大切です。

⑧ 　楽しんで行いましょう！

※棒のつくりかたは P86，87 を参照

● 誰もが楽しめる工夫のしかた

テクニック１　｜　**両足の**（甲の）**上にのせる。**

ねらいと効果　｜　**よりかんたんに**する。
　　　　　　　　　｜　棒を足にのせる感覚を覚える。

反対の足へ →

・両足の上にのせる

・往復させる

テクニック2 ｜ 右足から左足へ，左足から右足へ**往復させる**。

ねらいと効果 ｜ **よりむずかしく**する。

　　　　　　　 集中力がアップする。

棒のつくりかた

◆ **準備するもの**

新聞紙（棒１本につき５，６枚×人数分）

セロハンテープ

◆ **つくりかた**

① 新聞紙を５，６枚用意します。

② 新聞紙を全部重ねます。

③ 端から横方向（右から左へ，または左から右へ）に，丸めていきます。

④ 棒の上下の太さが同じになるようにします。

⑤ セロハンテープで，棒の上下を止めれば，出来上がりです。

ポイント

○ 棒の固さは，棒を振りまわしてもすぐに折れ曲がらないぐらいが目安です。

○ 棒が柔らかすぎるときは，新聞紙を増やしてください。

○ 実際に使用するときには，人数分よりも少し多めに用意しておくとよいでしょう。

○ きれいな包装紙などを巻きつけると，おしゃれな棒に変身します。

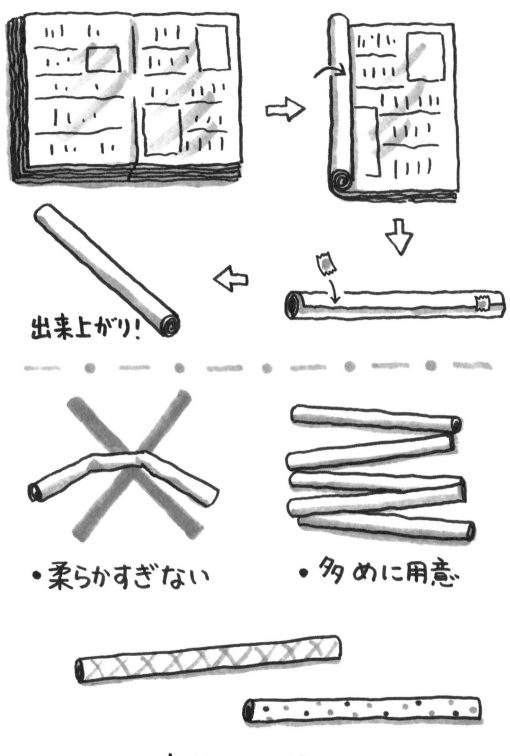

出来上がり！

・柔らかすぎない

・多めに用意

・包装紙で巻く

おわりに

動けば満足！

「斎藤先生の体操を見たら，うちの体操がとてもちっぽけに見えました。お年寄りでも，こんなに動けるんですね！」

先日，現場を見学にいらしたある介護スタッフは，そう言って驚かれていました。

「もしかしたら自分たちは，こちらの都合を優先させて，お客さま（シニアのみなさま）に，何もさせていないのではないのだろうか？」そう感じたそうです。

体操をするときには，こちらから動くように働きかけるので，「絶対にけがをさせてはいけない」という不安があります。その気持ちは体操講師として，痛いほどよくわかります。

ただし，ぼくが危惧するのは，あまりにも，けがを心配しすぎて，椅子に腰かけたままの待ち時間ばかりが長くなり，**本当はもっともっと動けるのに，動かないままで終わってしまう**ことです。

動かなければ，その場でのけがのリスクは低くなります。でも，見方を変えれば，身体機能の低下にもつながりますから，長い目でみればけがや病気のリスクは高くなります。

ここでぼくが言いたいことは，こうです。

「あまりにもけがに神経質になりすぎないでください」

　現場のみなさまが思っているほど，心配する必要はありません。実際に，ぼくは 30 年近くこの仕事をしていますが，運動が直接の原因で，けがをしたり，体調を崩した人は，ひとりもいません。

「痛いときは絶対安静，は誤り。極端な逃避行動が筋力の低下を招く」

　実は，医療分野でも，これまでの動かない治療から動く治療へと見直されつつあります。

　分野は全く異なりますが，内容は全く同じです。

　シニアのみなさまに，ただ満足してもらおうと思っても，絶対にうまくいきません。そうではなく，**からだを思う存分に動かせば，気持ちがスッキリするので，自然に満足してもらえます**。ぼくは，そう確信しています！

　最後に，この本を読んでくださったみなさまに心より御礼を申し上げます。「本当にどうもありがとうございました！」

　そして，みなさまと，みなさまのまわりの方々が，いつまでもいつまでも末永くお幸せでありますように。

ムーヴメントクリエイター　斎藤道雄

著者紹介
●斎藤道雄

体操講師，ムーヴメントクリエイター。

クオリティ・オブ・ライフ・ラボラトリー主宰。

自立から要介護シニアまでを対象とした体操支援のプロ・インストラクター。

体力，気力が低下しがちな要介護シニアにこそ，集団運動のプロ・インストラクターが必要と考え，運動の専門家を数多くの施設へ派遣。

「お年寄りのふだん見られない笑顔が見られて感動した」など，シニアご本人だけでなく，現場スタッフからも高い評価を得ている。

[お請けしている仕事]
○体操教師派遣（介護施設，幼稚園ほか）　　○講演　　○研修会　　○人材育成　　○執筆

[体操支援・おもな依頼先]
○養護老人ホーム長安寮
○有料老人ホーム敬老園（八千代台，東船橋，浜野）
○淑徳共生苑（特別養護老人ホーム，デイサービス）ほか

[講演・人材育成・おもな依頼先]
○世田谷区社会福祉事業団
○セントケア・ホールディングス（株）
○（株）オンアンドオン（リハビリ・デイたんぽぽ）ほか

[おもな著書]
○『虚弱なシニアでもできる楽しいアクティビティ 32』
○『少人数で盛り上がるシニアの 1，2 分体操&ゲーム 50』
○『車椅子の人も片麻痺の人もいっしょにできる新しいレクリエーション』
○『椅子に腰かけたままでできるシニアのための脳トレ体操&ストレッチ体操』
○『超シンプルライフで健康生活』
○『目の不自由な人も耳の不自由な人もいっしょに楽しめるかんたん体操 25』
○『認知症の人も一緒に楽しめる！　リズム遊び・超かんたん体操・脳トレ遊び』
○『介護レベルのシニアでも超楽しくできる　声出し！　お祭り体操』
○『介護スタッフのためのシニアの心と体によい言葉がけ 5 つの鉄則』
○『要介護シニアも大満足！　3 分間ちょこっとレク 57』
○『車いすや寝たきりの人でも楽しめるシニアの 1〜2 分間ミニレク 52』
○『1，2 分でできるシニアの手・足・指体操 61』
○『椅子に座ってできるシニアの 1，2 分間筋トレ体操 55』
○『1，2 分でできる！　シニアにウケる爆笑体操 44』（以上，黎明書房）

[お問い合わせ]
ブログ「みちお先生のお笑い介護予防体操！」: http://qollab.seesaa.net/
メール: qollab.saitoh@gmail.com

＊イラスト・わたいしおり

新装版　要支援・要介護の人もいっしょに楽しめるゲーム&体操

2020 年 7 月 1 日　初版発行

著　者	斎　藤　道　雄	
発行者	武　馬　久仁裕	
印　刷	株式会社　太洋社	
製　本	株式会社　太洋社	

発　行　所　　　　　　　　株式会社　黎　明　書　房

〒460-0002　名古屋市中区丸の内 3-6-27　EBS ビル　☎ 052-962-3045
FAX 052-951-9065　振替・00880-1-59001
〒101-0047　東京連絡所・千代田区内神田 1-4-9　松苗ビル 4 階
☎ 03-3268-3470

新装版　虚弱なシニアでもできる 楽しいアクティビティ 32

斎藤道雄著　　　　　　B5・92頁　1700円

大きな運動ができないシニア向けの，体の活動を促す簡単アクティビティを32種紹介。生活のリズムをつくり残存機能の維持につながります。『特養でもできる楽しいアクティビティ32』を改題，新装・大判化。

少人数で盛り上がるシニアの 1，2分体操＆ゲーム 50

斎藤道雄著　　　　　　B5・63頁　1650円

「少人数」「1，2分」「準備なし，道具不要」の3拍子そろった体操＆ゲームを各25種紹介。体操とゲームを自由に組み合わせて活用でき，待ち時間などにも効果的に活用できます。2色刷。

椅子に座ってできるシニアの 1，2分間筋トレ × 脳トレ体操 51

斎藤道雄著　　　　　　B5・64頁　1650円

右手と左手で違う動きを同時にしたり，口で「パー」と言いながら手は「グー」を出したり……，筋トレと脳トレが一緒にできる体操を51種紹介。椅子に腰かけたままできて誰もが満足できます！　2色刷。

1，2分でできる！ シニアにウケる爆笑体操 44

斎藤道雄著　　　　　　B5・70頁　1650円

笑って体を動かせばますます元気に！　道具も要らず座ってできる手・指・顔・足等を使った44の爆笑体操を，図を交えて紹介。体操が更に盛り上がる，スタッフのための爆笑体操の成功のワザも収録。2色刷。

椅子に座ってできるシニアの 1，2分間筋トレ体操 55

斎藤道雄著　　　　　　B5・68頁　1650円

ちょっとした空き時間に，イスに掛けたままでき，道具も不要で，誰もが楽しめる筋トレ体操を55種収録。よい姿勢を保つ力，歩く力，立ち上がる力等がつくなど，生活に不可欠な力をつける体操が満載。2色刷。

1，2分でできるシニアの 手・足・指体操 61

斎藤道雄著　　　　　　B5・72頁　1700円

いつでも，どこでも，誰にでも，手軽にできて，運動効果抜群！　の手と足と指をメインにした体操を61種収録。現場スタッフのための体操の際の声掛けのコツ，体操を盛り上げるポイント付き。2色刷。

車いすや寝たきりの人でも楽しめる シニアの1〜2分間ミニレク 52

斎藤道雄著　　　　　　B5・64頁　1650円

車いすや寝たきりのシニアの方々を対象にした，短時間で楽しくできるミニレクリエーションを52種厳選収録。「定番ゲーム」「脳トレ」「アート」「料理」など魅力溢れる9ジャンルに分類し紹介。2色刷。

要介護シニアも大満足！ 3分間ちょこっとレク 57

斎藤道雄著　　　　　　B5・66頁　1650円

高齢者介護の現場で使える，3分間でできるちょこっとレクを57種紹介。「あべこべカウント」「手ットボトル」「赤い歌合戦」など，多様なレクを時間に合わせ自由に組み合わせて活用できます。2色刷。

介護スタッフのためのシニアの 心と体によい言葉がけ 5 つの鉄則

斎藤道雄著　　　　　　A5・92頁　1500円

シニアの心にも体にもよい言葉がけを誰でも会得できるよう，目からウロコの5つの鉄則に分け35例紹介。食事介助や施設内でのトラブルも言葉がけ次第で和やかに。一般の方にも役立つ話し方の極意です。

＊表示価格は本体価格です。別途消費税がかかります。
■ホームページでは，新刊案内など小社刊行物の詳細な情報を提供しております。
「総合目録」もダウンロードできます。http://www.reimei-shobo.com/

介護レベルのシニアでも超楽しくできる
声出し！ お祭り体操

斎藤道雄著　　　　　　　B5・64頁　1600円

声を出せば誰もが元気に！　楽しい掛け声とともに行う，シニアが超楽しめる体操を24種収録。体操支援で特に大切な一言や，お祭り気分になる！　極意等，シニアがより楽しめる体操支援のコツも満載。

認知症の人も一緒に楽しめる！
リズム遊び・超かんたん体操・
脳トレ遊び

斎藤道雄著　　　　　　　B5・64頁　1600円

認知症のシニアも楽しめる「あくびが出た」「ふたり風船バレー」「じゃんけん足し算」など動きのシンプルなレクを収録。スタッフのための「こんな顔で援助すると効果的」などの親切アドバイス付き。2色刷。

要介護シニアにも超かんたん！
ものまねエア体操で健康づくり

斎藤道雄著　　　　　　　B5・64頁　1650円

もちつきや和太鼓などの動きをイスに座ってまねするだけ！　でその気になって楽しめる体操です。目や耳の不自由な方も楽しくできます。シニアの体の動き方が劇的に良くなる「魔法の言葉」付き。2色刷。

目の不自由な人も耳の不自由な人も
いっしょに楽しめる
かんたん体操 25

斎藤道雄著　　　　　　　B5・64頁　1650円

目や耳の不自由なシニアもいっしょに楽しめる，道具のいらないかんたん体操を25種類紹介。施設のスタッフがプロインストラクター並に支援できる，各体操の指示・支援の極意も掲載しました。2色刷。

車椅子の人も片麻痺の人も
いっしょにできる
新しいレクリエーション

斎藤道雄著　　　　　　　B5・64頁　1650円

施設などで，車椅子の人も片麻痺の人も自立レベルの人もいっしょにでき，みんなが満足できるレクを紹介。ゲームや体操だけでなく，もっともっとシニアが楽しめるレクがいっぱいです。2色刷。

椅子に腰かけたままでできる
シニアのための
脳トレ体操＆ストレッチ体操

斎藤道雄著　　　　　　　B5・62頁　1650円

頭を使いながら体もいっしょに動かす脳トレ体操と，頭からつま先まで効果のあるストレッチ体操をそれぞれ組み合わせた6つのメニューを紹介。すべて座って，道具なしでできます。2色刷。

椅子に腰かけたままでできる
シニアのための
筋力アップトレーニング

斎藤道雄著　　　　　　　B5・62頁　1650円

椅子に腰かけたままで，特別養護老人ホームなどの要介護シニアにも無理なくできる，本当に役立つ筋トレをイラストを交え紹介。器具や道具を一切使わなくてもできます。2色刷。

超シンプルライフで健康生活
カラダとココロに効く暮らし方

斎藤道雄著　　　　　　　A5・94頁　1380円

ものから自由になると，もっと健康になれる！　携帯電話を持たない，テレビやエアコンがない，家電を使わずに掃除や洗濯をする，移動は自転車——体を自然に動かし心に余裕をもたらす暮らし方を紹介。

誰もが満足！　年齢や体力差のある
シニアの集団体操 34 ＆
支援 6 つの極意

斎藤道雄著　　　　　　　A5・93頁　1600円

シリーズ・シニアが笑顔で楽しむ⑰
立ってでも座ってでもできる34の体操を「誰もが満足！　脳トレ」「誰もが満足！　お手玉体操」など9つに分けて紹介。集団運動を支援するスタッフの方の心強い味方。

＊表示価格は本体価格です。別途消費税がかかります。